UNE SAISON AU

ZOO

Mon quotidien de vétérinaire

Cyril Hue
Vétérinaire au Zoo de La Flèche

LAROUSSE

Direction de la publication : Carine Girac-Marinier

Direction éditoriale : Claude Nimmo

Direction éditoriale : Julie Pelpel-Moulian

Édition : Léa Combasteix

Direction artistique : Uli Meindl

Conception graphique : Sophie Rivoire

Fabrication : Marlène Delbeken

Avec l'aimable participation de France Télévisions, Banijay Productions France et du Zoo de La Flèche.

ISBN : 978-2-03-593599-1

SOMMAIRE

LES MISSIONS DU ZOO

Émerveiller, étudier, sensibiliser, conserver : quatre mots simples, quatre missions pour résumer aujourd'hui la raison d'être des zoos.

Alors que les parcs zoologiques étaient auparavant de simples lieux de promenade et de divertissement, ils sont aujourd'hui devenus de véritables ambassades de la nature, où l'on admire la beauté du monde animal et où l'on apprend à le connaître. De cet émerveillement et de cette connaissance naît une profonde affection pour l'autre, l'animal, le compagnon de route avec qui nous partageons une destinée commune, embarqués que nous sommes sur un drôle de vaisseau spatial nommé la Terre.

Par ailleurs, si l'homme est aujourd'hui responsable des pires crimes contre la nature, il est aussi, heureusement, capable de s'engager dans des combats essentiels pour préserver cette **biodiversité** menacée de toutes parts : c'est pourquoi notre parc soutient les acteurs de la conservation des espèces et souhaite mettre leurs actions en lumière.

C'est donc ici, au zoo, que nous vous invitons à partager nos quatre missions et à cultiver ensemble le désir de protéger notre belle planète, si généreuse en merveilles.

LE RÔLE DU VÉTÉRINAIRE

Au zoo, mon rôle de vétérinaire est avant tout de garantir la bonne santé et le bien-être des animaux. Mes fonctions sont donc multiples : prévenir l'apparition des maladies, soigner et opérer, mettre en place des régimes alimentaires équilibrés, gérer les naissances, ou encore concevoir les bâtiments destinés à abriter les animaux en toute sécurité et avec le maximum de confort.

Cyril, le vétérinaire !

Ma fonction me demande aussi de sortir du cadre classique du métier de « médecin des animaux ». Ainsi, je participe activement aux échanges d'animaux entre zoos au-delà des frontières de la France afin que dans tous les zoos d'Europe vive une population animale saine et vigoureuse. Je m'implique également dans les programmes éducatifs du parc afin de sensibiliser nos visiteurs à la protection de notre planète.

Enfin, mon métier m'invite à franchir les frontières du zoo afin de prêter main-forte aux acteurs de terrain qui, tous les jours, œuvrent à la conservation de la biodiversité. J'en suis le témoin privilégié et mon plus grand désir est de partager aujourd'hui cet engagement, moteur de la passion qui m'anime depuis mon enfance.

Quelles sont mes tâches quotidiennes ?

8h La tournée matinale

Tous les matins, je fais un tour du parc pour contrôler l'état de santé de mes **pensionnaires.** S'ils ont été malades les jours précédents, je vérifie que leur santé s'améliore et que les soins que j'ai pratiqués donnent des résultats satisfaisants.

Ce tour du parc est aussi l'occasion de vérifier la sécurité des installations du zoo ainsi que leur propreté. Tous les enclos doivent être parfaitement entretenus, aussi bien pour le confort et l'**hygiène** de nos animaux que par respect pour nos visiteurs.

9h Je rassure les troupes

Dès le début de la journée, tous les animaux du parc ont pu recevoir la visite de leur soigneur attitré. Lorsqu'un pensionnaire n'a pas le même comportement que d'habitude, son soigneur s'inquiète et me demande de venir l'examiner. Dès que j'ai une idée plus précise de ce qui se passe, je peux répondre aux questions de mon équipe, la rassurer et expliquer la conduite à tenir et, si besoin, les traitements à mettre en place.

Je profite de la tournée matinale pour prendre des nouvelles de Taïko, l'ours polaire, auprès de Bérénice.

10 h Je soigne et j'opère

C'est l'heure où je pratique des interventions prévues de longue date ou qui s'avèrent nécessaires suite à la visite du matin. J'opère sur place, dans l'enclos, ou à l'infirmerie, assisté des soigneurs.

Il peut s'agir de petits bobos sans gravité comme de cas plus sérieux nécessitant **anesthésie** (on endort l'animal) et **chirurgie** (on opère l'animal).

Pratiquer les interventions à ce moment de la journée me permet d'avoir ensuite devant moi plusieurs heures pour surveiller la phase de réveil et de **convalescence** de l'animal opéré.

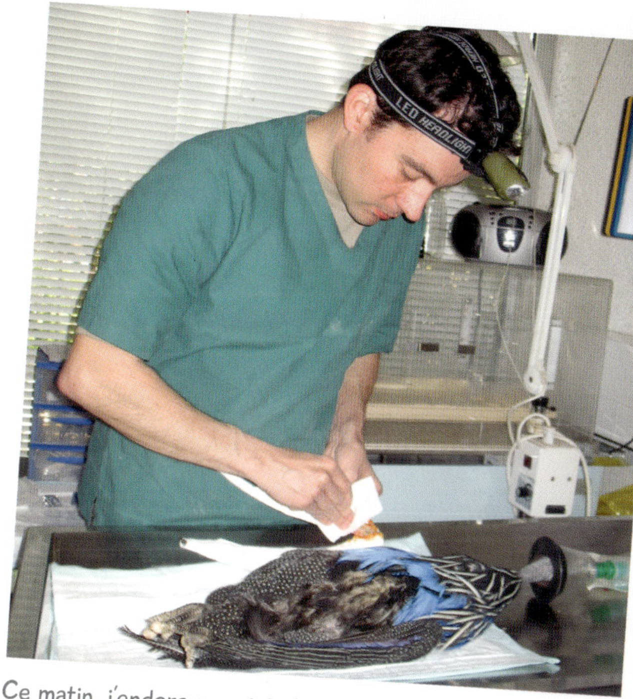

Ce matin, j'endors une pintade pour l'opérer.

LE SAVIEZ-VOUS ?

Parfois, endormir un animal peut s'avérer compliqué. Lorsque nous avons rendu visite aux bonobos et qu'il a fallu endormir une femelle afin de la soigner, nous avons mis des heures à pouvoir l'endormir car le produit que nous lui avions injecté, *via* une sarbacane, ne lui faisait aucun effet. Nous étions sur nos gardes car elle pouvait à tout moment avoir un geste brusque et dangereux à notre encontre.

11 h 30 Je surveille la fin des opérations

Je termine ma matinée par un dernier contrôle des animaux dont je me suis occupé le matin, en particulier ceux que j'ai endormis afin de m'assurer qu'ils se réveillent normalement.

Enfin, je mets en place les **fiches de soins,** c'est-à-dire les feuilles de route que devront suivre les soigneurs pour donner le bon traitement aux animaux dont ils s'occupent.

14 h J'enregistre le travail de la matinée

Après une pause déjeuner, je consacre le début de l'après-midi à noter le travail que j'ai effectué dans la matinée.

Chaque animal du parc a son propre dossier médical : j'y recopie au propre mes notes, mes observations, les traitements que je conseille de donner et les résultats des **analyses** que j'ai faites. Il est important de conserver une trace écrite de chaque problème rencontré, de chaque traitement donné ou préconisé, c'est ce qui permet un suivi médical efficace.

15 h Je participe à l'entraînement médical

Il est important que j'y participe régulièrement afin que les animaux s'habituent à ma présence et ne l'associent pas seulement aux moments où ils vont mal. C'est aussi un moment d'échange avec les soigneurs : nous dressons un bilan des progrès faits durant les séances précédentes et nous établissons les prochains objectifs.

Je manipule l'oreille de Boten pour l'habituer à une future prise de sang à cet endroit.

L'entraînement médical

Le Zoo de La Flèche a mis en place des méthodes d'entraînement médical. Il s'agit de simuler régulièrement les soins médicaux afin que les animaux y soient habitués et y collaborent volontairement le jour où ces soins sont réellement dispensés. Pratiqués quotidiennement, ces exercices établissent une relation de confiance entre l'animal et son soigneur, permettent un suivi médical rigoureux et facilitent le travail du vétérinaire. Grâce à l'entraînement médical, on pourra notamment éviter une **anesthésie**, qui peut être dangereuse pour certains animaux. Ces exercices sont particulièrement utiles pour soigner les **pensionnaires** les plus impressionnants, comme les éléphants ou les hippopotames.

16 h Je travaille sur les programmes d'élevage et de conservation

LE SAVIEZ-VOUS ?

Environ trois cents parcs zoologiques européens permettent aujourd'hui de protéger plus de deux cents espèces animales menacées.

Les soins médicaux ne sont qu'une partie de mon travail ; je dois consacrer du temps à d'autres domaines. De retour au bureau, je prépare et planifie des échanges dans le cadre des programmes d'élevage. Je travaille également sur les documents pédagogiques que le zoo met à la disposition des enseignants et des visiteurs. Enfin, j'étudie les projets de conservation de la **biodiversité** auxquels le parc apporte son soutien.

Des moyens considérables sont déployés pour l'arrivée d'un nouvel éléphant au zoo.

17 h J'effectue des contrôles médicaux

C'est le moment de faire un dernier contrôle des animaux que j'ai soignés le matin. Ceux que j'ai gardés en surveillance à l'infirmerie sont ramenés dans leur enclos s'ils semblent aller mieux. Nous sommes parfois amenés à garder des animaux à l'infirmerie pendant la nuit si leur état nous paraît nécessiter une surveillance.

Pour m'assurer que Lucky, notre otarie, n'a plus mal au ventre, je palpe doucement son abdomen.

La panthère va bientôt être endormie pour qu'on puisse lui poser un implant contraceptif.

18 h Je planifie ma journée de demain

Il est temps de préparer ma journée de demain. Il me faudra endormir une panthère pour lui poser un **implant contraceptif,** une petite puce insérée sous la peau qui diffusera une **hormone** afin qu'elle n'ait pas de bébé l'année prochaine ; je demande donc à son soigneur de la mettre à jeun avant l'opération, c'est-à-dire de ne plus lui donner à manger pendant plusieurs heures.

Mais qui sait ? À tout moment, mon programme du lendemain peut être totalement chamboulé pour gérer une urgence. Mon métier est ainsi fait de surprises et d'inattendu !

Comment détecter les maladies ?

Un travail d'équipe

Parce qu'ils connaissent très bien les animaux dont ils s'occupent, ce sont souvent les soigneurs qui me signalent qu'un animal ne va pas bien.

Ils me le disent lorsque je fais le tour du parc ou bien ils m'appellent pour me demander de passer les voir quand un animal « n'est pas comme d'habitude », « n'a pas l'air en forme » ou n'est pas venu les voir alors qu'il est le premier à le faire d'ordinaire. Ce changement de comportement peut être le signe d'un problème de santé.

Je m'entretiens avec Pierre au sujet des guépards qui n'allaient pas très bien ces derniers temps. Nous les observons donc avec attention.

À quoi reconnaît-on qu'un animal est malade ?

Parfois les signes sont évidents : il peut s'agir d'une plaie, d'un animal qui boite, d'un **pensionnaire** qui refuse de manger ou de sortir de sa loge.

Je peux aussi observer des symptômes tels que des vomissements, des selles liquides ou des éternuements par exemple.

Il arrive cependant que je ne remarque rien. En effet, dans la nature, les animaux ne doivent pas montrer qu'ils sont faibles ou malades sinon ils seraient rapidement victimes de prédateurs ou de rivaux. Au zoo, c'est la même chose ! C'est donc au soigneur que revient la lourde responsabilité de détecter le plus tôt possible le moindre signe anormal et de me mettre au courant.

Pour Glue, c'est en voyant toutes les blessures qu'elle avait sur le corps que je me suis rendu compte de son état préoccupant.

Notre otarie a de petits problèmes aux yeux. À l'aide d'une solution nettoyante, je soulage l'animal afin de mieux pouvoir examiner le problème.

Comment examine-t-on un animal ?

Le plus simple est d'abord d'observer le malade à distance. Dans un deuxième temps, j'examine l'animal de plus près et c'est à ce moment-là que les choses se compliquent, car les animaux ne sont souvent pas très coopératifs.

Je dois donc souvent recourir à la capture de l'animal malade pour pouvoir l'examiner dans de bonnes conditions. Je demande alors l'aide d'un soigneur qui ne s'occupe pas habituellement de l'animal afin que le lien de confiance entre l'animal et son soigneur attitré ne soit pas rompu.

Si l'animal est dangereux, je n'ai pas d'autre choix que de l'endormir pour l'approcher.

Pour pouvoir examiner le tigre de près, nous l'avons endormi grâce à une fléchette.

Comment établir le diagnostic ?

Pour être certain de trouver la maladie dont souffre l'animal, je dois souvent faire des prises de sang et des **analyses** pour rechercher un virus ou une bactérie. Parfois, nous devons même pratiquer des examens approfondis tels que des **radios** ou des **échographies.**

Je peux aussi examiner une goutte de sang sous un microscope pour tenter de trouver la cause du mal dont souffre l'animal.

Dans les cas très compliqués, je demande de l'aide à d'autres vétérinaires. Il nous arrive de faire un **scanner** qui permet d'obtenir une image des os et des organes (cœur, foie, etc.) de l'animal, grâce aux rayons x, et de voir à l'intérieur de son corps ce qui ne va pas.

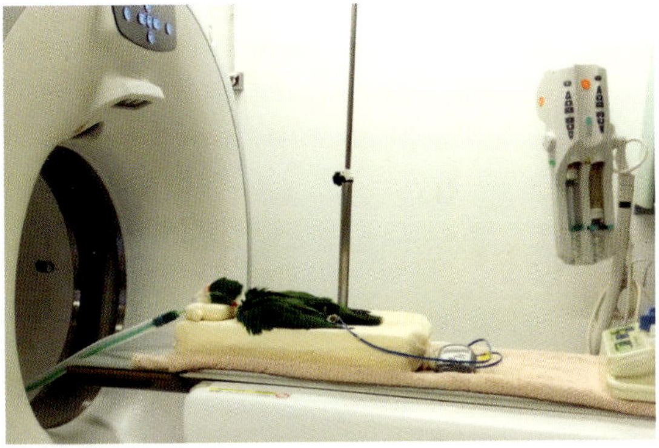

Un éclectus, un perroquet d'Océanie, passe un scanner pour qu'on comprenne de quoi il souffre.

Quels sont les problèmes que l'on rencontre le plus souvent ?

Comme pour les hommes, les animaux peuvent avoir de nombreuses maladies. Heureusement, le plus souvent, je soigne des petits bobos et des blessures.

Les soins les plus fréquents correspondent aux griffures et morsures que certains animaux, comme les tigres ou les hippopotames pygmées, s'infligent entre eux lorsqu'ils ne s'entendent pas.

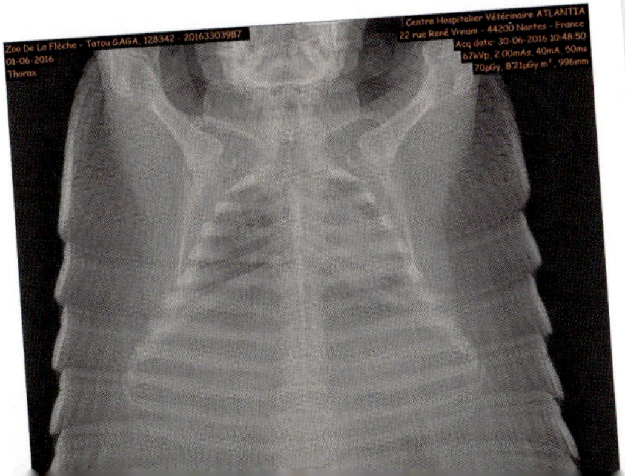

Radio du thorax de Gaga, le tatou.

Comment soigne-t-on un animal malade ?

Le petit panda accepte facilement son traitement que nous avons caché dans un morceau de banane.

Comment administrer les médicaments ?

C'est le soigneur qui administre à l'animal dont il s'occupe le médicament que j'ai recommandé et prescrit.

Le plus souvent, le soigneur écrase et dissimule le comprimé dans la nourriture et vérifie que l'animal l'avale bien. Hélas, certains animaux, comme les singes, détectent vite la présence d'un médicament dans leur nourriture et refusent de l'avaler.

Il faut alors ruser, et bien connaître les préférences alimentaires de chacun, pour trouver la bonne friandise ou l'astuce qui permettra de soigner notre protégé sans qu'il s'en aperçoive.

Des gourmets très futés !

Les chimpanzés sont très rusés mais aussi très gourmands.
Ils raffolent de la crème de marshmallow, parfaite pour y dissimuler des médicaments.

Situation extrême !

Lorsque l'animal refuse de manger ou bien est trop faible pour avaler un médicament, il faut lui faire une piqûre.

Il est alors nécessaire de l'attraper et de bien le tenir.

Si c'est impossible, parce qu'il est trop gros ou trop dangereux, j'utilise une **sarbacane** ou un fusil pour lui injecter le médicament en restant à distance.

Le vétérinaire doit donc être un as du tir à la sarbacane et au fusil !

Pour soigner ce bongo, pas d'autre choix que d'utiliser une sarbacane.

LE SAVIEZ-VOUS ?

Lorsque l'on soigne un bongo sans l'endormir, on lui cache les yeux et on place des balles de tennis sur le sommet de ses cornes pour éviter les coups.

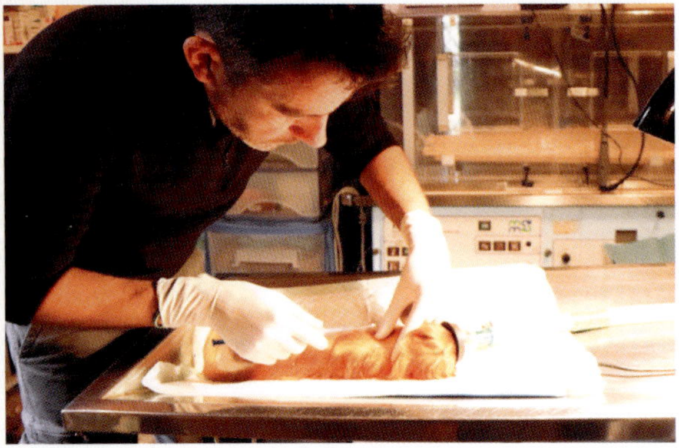

J'opère avec des gants, comme les médecins, pour ne pas infecter la plaie de l'animal.

Quel matériel utilise le vétérinaire ?

Dans mon infirmerie se trouve tout le matériel dont j'ai besoin pour soigner les animaux : des seringues, des pansements, des compresses **stérilisées,** etc.

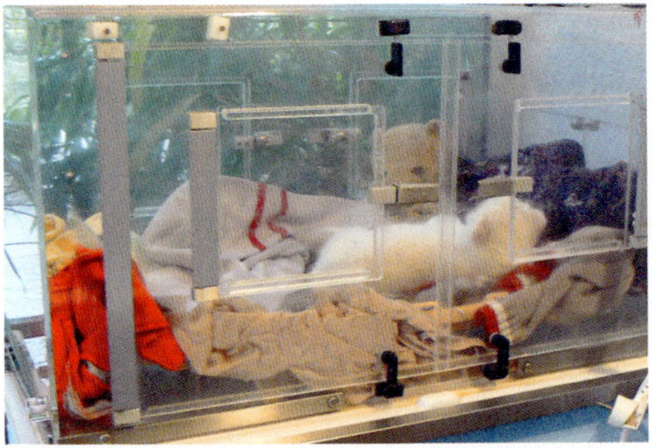

Nous avons placé ce petit lionceau en couveuse après l'avoir retrouvé en **hypothermie,** c'est-à-dire transi de froid.

Drôle d'équipement !

J'ai aussi récupéré une couveuse dans une maternité : elle me sert à réchauffer les petits animaux en détresse ou à les garder sous oxygène si nécessaire.

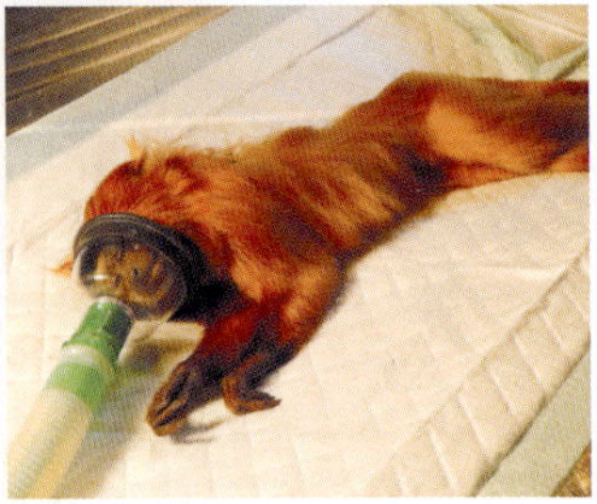

Un tamarin lion doré est endormi grâce au masque.

Spécial petits animaux !

On trouve aussi dans l'infirmerie un appareil d'**anesthésie** gazeuse : à l'aide d'un masque qui diffuse un gaz qui endort, je peux endormir les petits animaux pour les soigner ou réaliser des examens. Lorsque je veux les réveiller, il me suffit de couper l'arrivée du gaz anesthésique. Le réveil est ainsi plus rapide qu'après une anesthésie par piqûre, et l'animal récupère mieux.

Comment attraper les patients récalcitrants ?

Pour examiner et soigner les animaux dans leur enclos, il faut souvent les attraper. Je dois alors utiliser des filets et des épuisettes pour capturer mes patients, qui sont rarement d'accord pour se laisser approcher ! Il faut ensuite bien les tenir, c'est ce que l'on appelle la **contention**, et ne pas oublier d'enfiler une bonne paire de gants pour ne pas être griffé ou mordu !

Le soigneur a enfilé ses gants et tient une épuisette pour attraper un animal.

Le vétérinaire charge son fusil avec des flèches.

Pourquoi faut-il savoir tirer à la sarbacane ?

Comme il est parfois impossible d'approcher un animal qui serait trop dangereux, j'utilise alors des flèches dans lesquelles je glisse le médicament ou le produit anesthésique destiné à l'endormir.

J'envoie ensuite cette flèche hypodermique (qui, à l'aide d'une **sarbacane** ou d'un fusil, permet d'aller sous la peau) sur l'animal. Je dois donc être bien entraîné au tir pour bien viser et ne pas blesser l'animal !

Je soigne le capybara qui souffre de multiples plaies sans l'endormir.

Grâce à l'entraînement médical, l'otarie Wally présente sa nageoire blessée pour que j'y applique une crème cicatrisante.

Comment soigner une plaie ?

C'est seulement une fois que l'animal a été capturé, et si nécessaire endormi, que je peux commencer à nettoyer la plaie. L'**anesthésie** est indispensable lorsqu'il faut recoudre une blessure, car l'animal ne doit pas bouger.

Pas de pansement

Une fois la plaie bien nettoyée, j'utilise différents types de pommades pour faciliter la cicatrisation. En revanche, il n'est pas toujours possible de mettre un pansement car certains animaux ne pensent qu'à une seule chose : l'enlever !

Des soins quotidiens

Pour guérir une plaie, il faut souvent apporter des soins pendant plusieurs jours. Si l'animal refuse de se laisser faire, cela signifie qu'il faudra à chaque fois l'attraper, et au besoin l'endormir. C'est hélas stressant pour tout le monde, mais nécessaire pour sa guérison.

Rêve de vétérinaire !

Grâce à l'entraînement médical, l'animal collabore à ses soins lorsqu'il est blessé. Je peux ainsi soigner sa plaie tous les jours sans capture, sans anesthésie et sans stress ! C'est de loin la situation que je préfère !

Comment soigner une plaie sur un gros animal ?

Pour les gros animaux, nous pouvons désinfecter les plaies à distance. Dans ce cas, nous mettons le désinfectant dans un pulvérisateur de jardin ou même dans un gros pistolet à eau : il ne nous reste plus qu'à « arroser » la zone blessée tout en restant à distance.

Je soigne les plaies de Ziama, l'hippopotame, grâce à un pulvérisateur car je ne peux pas m'approcher.

Comment surveiller la convalescence ?

Une fois les premiers soins effectués, l'animal est soit reconduit dans son enclos, soit hospitalisé : l'animal souffrant est dans ce cas placé dans un box d'isolement qui nous permet de le garder sous surveillance et, si besoin, bien au chaud.

Les soigneurs jouent alors un rôle primordial : ils réconfortent leur protégé, lui apportent des soins appropriés et veillent à son bien-être. Pour moi, c'est aussi plus simple de le surveiller ainsi en passant le voir tous les jours.

LE SAVIEZ-VOUS ?

Lorsqu'un loup tombe malade et que nous devons le soigner, il faut éviter de le séparer trop longtemps du reste de la meute. Sinon, à son retour, les autres loups risquent de le considérer comme un étranger et de se montrer violents envers lui.

L'entraînement médical

En quoi consiste l'entraînement médical ?

Au zoo, nous avons mis au point des méthodes douces qui nous permettent d'examiner et de soigner nos animaux en toute confiance : c'est ce que l'on nomme l'entraînement médical.

Les soigneurs ont ainsi appris aux otaries à se laisser examiner sous toutes les coutures afin de s'assurer qu'elles sont en bonne santé. Nous le faisons aussi avec les éléphants même si, avec eux, nous restons derrière un « mur de travail », autrement dit des grilles ou des barrières, car ce sont des animaux dangereux.

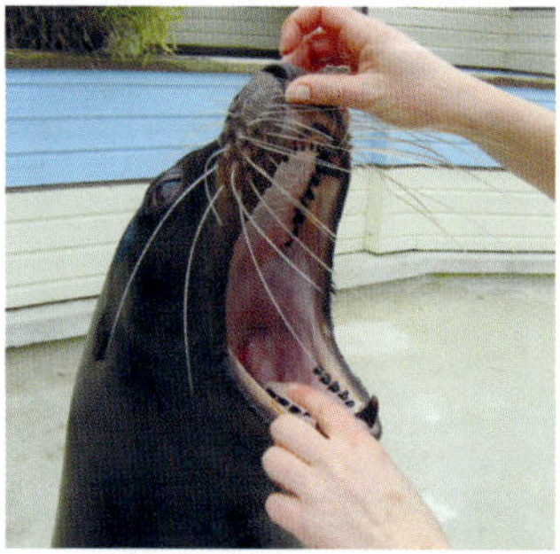

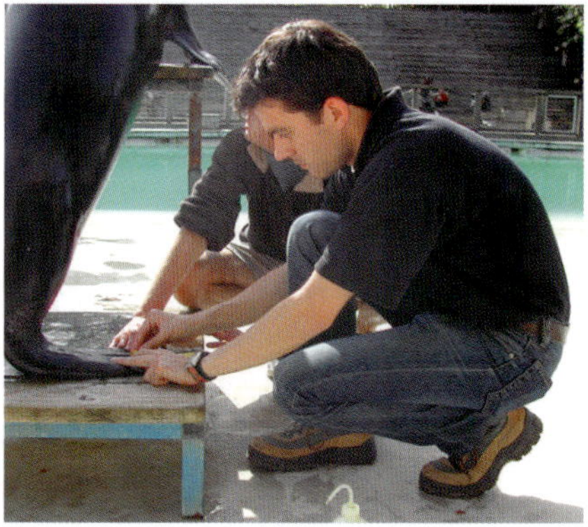

Notre otarie nous montre sa belle dentition et ses pattes palmées pour son inspection quotidienne.

Pourquoi faire cet entraînement ?

En simulant régulièrement les soins médicaux, les animaux s'y habituent, ce qui peut les inciter à collaborer volontairement le jour où ces soins seront réellement nécessaires. Grâce à cet entraînement, je peux ainsi soigner une plaie, prendre la température ou bien même faire une piqûre sans avoir recours à la capture ou à l'**anesthésie.**

Même les guépards participent à l'entraînement médical.

Taïko est un excellent élève. Il nous montre son impressionnante mâchoire sur commande.

Avec quels animaux ?

Nous développons ces méthodes avec le plus d'animaux possible : chimpanzés, ours polaires, pandas, tigres, guépards... Demain peut-être, tous les animaux du zoo seront acteurs de leurs soins : un rêve pour un vétérinaire !

Grâce à l'entraînement, les éléphants présentent leurs pieds pour se les faire limer.
Nous pouvons aussi les examiner et même leur faire des prises de sang.

Les opérations chirurgicales

Quand une opération est-elle nécessaire ?

La **chirurgie** est parfois indispensable pour trouver de quoi souffre un animal ou pour le guérir. Cet acte se fait toujours sous **anesthésie,** ce qui signifie qu'on endort l'animal pour éviter qu'il ne bouge pendant qu'on l'opère.

Les différents types d'opérations

L'opération peut consister à effectuer un prélèvement (de peau ou de cellule), à enlever une **excroissance** anormale, à retirer un objet avalé par accident ou encore à réparer une fracture.

La stérilisation

Je peux aussi parfois opérer pour **stériliser** un animal qui ne doit pas se reproduire, de la même façon qu'on le fait pour un chat ou un chien. Dans ce cas, j'enlève les organes qui lui permettent d'avoir des petits.

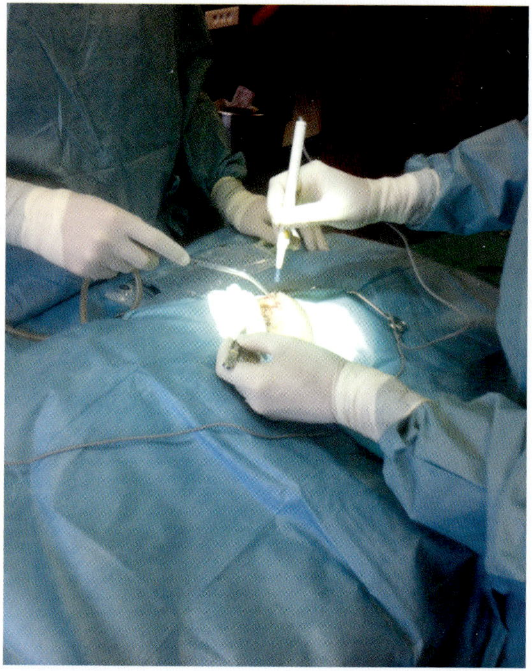

Une opération est en cours au bloc chirurgical. Tous les instruments ont été **stérilisés** au préalable (c'est-à-dire lavés à plus de 100 °C pour faire disparaître microbes et virus).

Direction l'hôpital !

Lorsque la chirurgie est complexe ou qu'elle nécessite du matériel particulier, je préfère me déplacer dans un grand hôpital vétérinaire afin d'être entouré par toute une équipe et de m'assurer que mon animal bénéficiera des meilleurs soins.

Peut-on opérer tous les animaux ?

On peut opérer quasiment tous les animaux : serpents, iguanes, singes, lions, perroquets, antilopes, otaries... En revanche, certaines opérations sont parfois impossibles sur de très gros animaux, tout simplement parce que les fils pour recoudre la zone opérée ne tiennent pas, comme c'est le cas sur la peau des hippopotames par exemple.

Mieux vaut ne pas avoir à opérer un hippopotame, car il est impossible de recoudre sa peau après une opération.

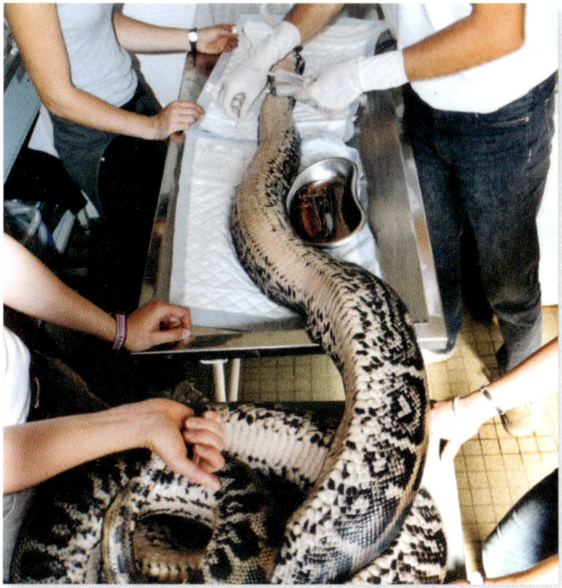

Est-il plus facile d'opérer les petits animaux que les gros ?

Chaque opération est difficile : les plus petits animaux exigent de la minutie quand les plus grands, comme les girafes, nécessitent la mobilisation de toute une équipe et beaucoup de matériel.

Même le plus gros des serpents peut passer sur la table d'opération.

La prévention des maladies

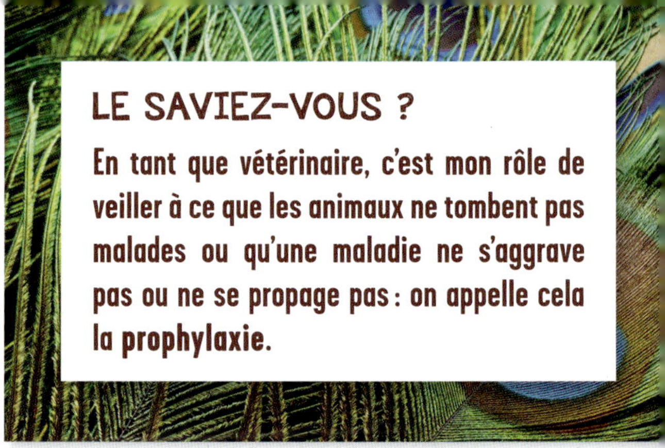

LE SAVIEZ-VOUS ?

En tant que vétérinaire, c'est mon rôle de veiller à ce que les animaux ne tombent pas malades ou qu'une maladie ne s'aggrave pas ou ne se propage pas : on appelle cela la prophylaxie.

Pourquoi vacciner ?

Je vaccine les animaux pour qu'ils ne tombent pas malades ou qu'ils ne propagent pas des maladies.

Les principales raisons qui rendent nécessaire la vaccination sont en effet la fragilité de certaines espèces qu'il faut protéger à tout prix, les risques de transmission de maladie par d'autres animaux (oiseaux sauvages, chats errants) et les risques en cas d'épidémie.

Certains animaux doivent aussi être vaccinés lorsqu'ils partent à l'étranger dans le cadre des échanges entre zoos. C'est une façon de rassurer le zoo qui reçoit l'animal : son futur **pensionnaire** est ainsi en bonne santé !

Faut-il vacciner tous les animaux ? Et contre quelles maladies ?

Je ne vaccine les animaux que lorsque cela est nécessaire ou lorsqu'on me le demande. Je vaccine ainsi par exemple contre la rage, une maladie très contagieuse, lorsque l'on doit transporter un animal dans un autre zoo. Il est aussi parfois nécessaire de vacciner tous nos oiseaux afin d'éviter qu'ils n'attrapent la grippe aviaire, une maladie surtout transmise par les canards sauvages.

LE SAVIEZ-VOUS ?

Pour garder son efficacité, un vaccin doit être maintenu à une température entre 2 °C et 7 °C. On le conserve donc au réfrigérateur !

Comment lutter contre les parasites ?

Nos animaux peuvent également avoir des puces ou des vers : ce sont des parasites. Il faut les éliminer car ils peuvent rendre malades nos pensionnaires.

Pour lutter contre les parasites, il faut parfois déposer un médicament sur la peau de l'animal à l'aide d'une pipette.

Je procède ainsi pendant plusieurs semaines pour nos tortues, fennecs, suricates, etc.

Nos petits pandas Yang et Sangha ont été entraînés pour accepter le traitement antiparasite en toute confiance.

Quand faut-il traiter les animaux ?

Tous les animaux du parc sont **vermifugés** au printemps et à l'automne : j'incorpore à leur nourriture un médicament qui va détruire tous les parasites qui peuvent infester leur corps. C'est au soigneur de s'assurer que chacun aura bien avalé sa petite dose !

La lutte contre les chenilles

Les chenilles processionnaires sont couvertes de poils **urticants.** Ce ne sont pas des parasites, mais elles peuvent avoir un effet très néfaste si l'un de nos ours polaires marche dessus par mégarde. Cela démangera tellement l'animal que celui-ci finira par se gratter ou se mordre jusqu'au sang pour soulager sa douleur. Nous piégeons donc les chenilles avant qu'elles ne descendent des arbres.

L'alimentation

Bien manger pour être en forme

L'alimentation est extrêmement importante. Je considère même que c'est la première médecine.

Avoir une alimentation saine, riche et diversifiée est la meilleure façon d'être en bonne santé, pour les animaux comme pour les hommes !

Un vétérinaire est donc aussi un **nutritionniste.** Une partie importante de mon travail consiste à mettre en place des régimes alimentaires équilibrés pour chaque animal du zoo.

En cuisine, je confie au soigneur en charge de la nourriture un livret dans lequel se trouvent toutes les rations pour chacun des animaux. Le préparateur n'a plus qu'à suivre ces « recettes ».

Des régimes variés

Les régimes sont très différents d'une espèce à l'autre. Ils varient aussi selon la saison : par exemple, en hiver, les ours ne mangent presque pas, alors que la ration quotidienne des fauves augmente pour les aider à affronter la mauvaise saison.

Voici le livret du régime alimentaire des petits primates.

Les girafes se régalent avec les feuilles tendres !

Ni trop maigre, ni trop gros

Manger c'est bien, mais pas trop ! Je dois absolument veiller à ce que nos animaux gardent leur ligne pour être en pleine forme. Lorsque je vois qu'un de nos **pensionnaires** a tendance à prendre du poids, j'alerte son soigneur. Nous avons parfois affaire à des gourmands qui abusent des bonnes choses, et comme nos soigneurs veulent chouchouter leurs protégés, ceux-ci ont tendance à en profiter !

Des chiffres qui donnent le tournis

Une année au Zoo de La Flèche, c'est :

- **25** TONNES de viande
- **90** TONNES de fruits
- **15** TONNES de poisson
- **15** TONNES de céréales
- **40** TONNES de granulés
- **150** KILOS d'insectes
- **150** TONNES de fourrage

Les pandas roux raffolent des cannes de bambous !

La balance d'un vétérinaire est bien différente de celle d'un médecin : elle doit s'adapter à la morphologie des animaux !

À quelle fréquence peser les animaux ?

Nous essayons de peser tous les matins les oiseaux et les otaries, de temps en temps les fourmiliers et les primates, et nous profitons d'une intervention sous **anesthésie** pour peser les félins et les ours. La pesée nous permet de détecter un surpoids chez les gourmands mais surtout de repérer une baisse de poids qui serait anormale et qui pourrait signaler une maladie.

L'anesthésie d'un tigre est l'occasion de connaître son poids précisément. Surnommé « Gros Chaton », Hades pèse 170 kg.

Pourquoi donne-t-on des compléments et des vitamines ?

Pour couvrir tous les besoins de nos animaux et éviter les **carences,** c'est-à-dire des manques, nous ajoutons à la nourriture de nos pensionnaires des vitamines et des **minéraux**. Ces suppléments se présentent sous forme de comprimés, de sirop ou parfois de blocs que nous appelons pierres à sels, et dont les girafes raffolent !

Ces compléments permettent aux animaux d'affronter les périodes plus difficiles de l'année, juste avant l'hiver par exemple, ou bien des moments particuliers de la vie, tels la **gestation,** la ponte ou l'allaitement.

LE SAVIEZ-VOUS ?

En période de ponte, nous donnons aux oiseaux du calcium tous les jours. De même, des vitamines sont données aux mammifères qui allaitent leurs petits.

Nyala lèche une pierre à sels qui va lui permettre d'éviter des carences.

La reproduction

L'une des priorités des zoos

Les zoos ont pour mission de favoriser la reproduction des espèces menacées, c'est-à-dire de permettre l'arrivée de nombreux bébés. Lorsque des espèces arrivent à se reproduire de manière importante dans les zoos, il est alors possible d'envisager leur réintroduction dans leur milieu naturel, comme cela a été le cas pour le tamarin lion ou le condor des Andes.

Le contrôle des naissances

Longtemps, les connaissances des biologistes et des vétérinaires étaient insuffisantes pour permettre la reproduction de nombreuses espèces animales dans les zoos. Aujourd'hui, grâce à l'amélioration de la qualité des soins, nous parvenons à faire en sorte que quasiment toutes les espèces se reproduisent dans les parcs et les zoos. Pour éviter tout risque de surpopulation, nous mettons même en place un contrôle des naissances.

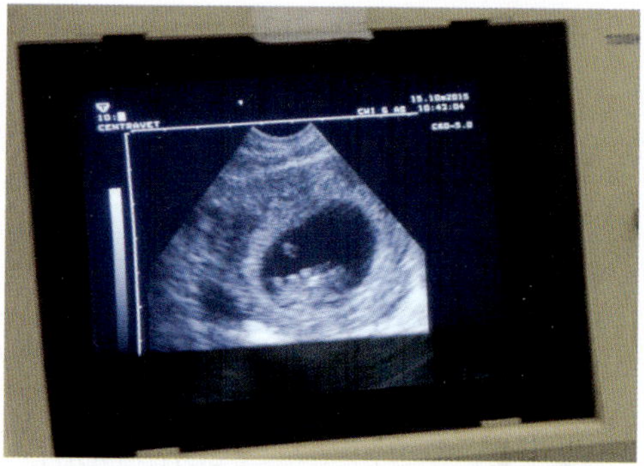

L'échographie permet de voir l'intérieur du ventre des mamans.

Comment savoir si une femelle attend des petits ?

Une partie du travail des soigneurs est d'observer les animaux dont ils ont la garde et de noter les dates de leurs accouplements. Grâce à ces notes, nous pouvons calculer, à quelques jours près, quand la future maman va pondre ou mettre ses petits au monde.

Les techniques de suivi

Pour être sûr qu'une femelle est gestante, c'est-à-dire qu'elle attend des petits, je peux utiliser différentes techniques comme faire des prises de sang, une **échographie** ou une **radio.** Avec une radio, je peux même compter combien de bébés il y a dans son ventre !

Doit-on aider les femelles lors de la mise bas ou de la ponte ?

À quelques jours de la naissance, les équipes sont très vigilantes et s'assurent que les futurs parents ont tout ce dont ils ont besoin : de la nourriture en quantité suffisante et une bonne litière, afin que les petits naissent dans les meilleures conditions.

La nature est bien faite : la majorité des naissances ont lieu sans problème.

Mais il arrive parfois qu'un œuf soit coincé ou qu'une femelle ne parvienne pas à mettre bas. Je dois alors intervenir pour retirer l'œuf ou endormir la femelle pour dégager son petit, ou encore pratiquer une opération appelée **césarienne** afin de sortir le bébé du ventre de sa mère.

Les bébés hippopotames pèsent entre 30 et 50 kg à la naissance. Ils peuvent naître sous l'eau.

Tout se complique pour la naissance du girafon de Nyala. Nous sommes obligés d'endormir la maman pour pouvoir l'aider à mettre bas.

Naissance de louveteaux au zoo.
Quel événement !

Quels sont les soins donnés aux nouveau-nés ?

Après leur naissance, je m'assure que la croissance des petits est normale en allant les voir régulièrement. Je les pèse aussi très fréquemment : cela me permet de m'assurer qu'ils sont en bonne santé.

Je donne à la mère des vitamines et des **minéraux** pour qu'elle puisse vite récupérer ses forces après la mise bas et allaiter.

Un numéro unique pour la vie

Les bébés doivent être identifiés à un âge où ils sont encore manipulables : mieux vaut donc qu'ils ne soient ni trop petits, pour les animaux fragiles, ni trop grands, pour ceux qui sont dangereux.

Le jour J, je leur attribue un numéro unique qui les suivra toute leur vie. Ce numéro est celui d'une puce électronique, appelée transpondeur, qui a la taille d'un grain de riz et que l'on place sous la peau de l'animal à l'aide d'une grosse seringue. Nous profitons souvent de ce moment pour donner un prénom à l'animal.

Je vérifie que la puce affiche
le bon numéro à l'aide d'un lecteur.

Un examen complet

Lorsque nous attrapons un jeune animal pour le pucer, c'est-à-dire lui glisser sous la peau une puce qui contient son numéro d'identité, c'est l'occasion de l'examiner sous toutes les coutures.

Si tout va bien pour lui, ce sera la première et la dernière fois qu'il me verra d'aussi près !

Qu'est-ce que le sevrage ?

Les bébés ont besoin à la naissance de téter le lait de leur maman pour se nourrir. Ils ont pendant un certain temps une alimentation uniquement lactée, c'est-à-dire constituée de lait. Mais, en grandissant, ils vont devoir apprendre à se passer de ce lait maternel pour commencer à manger des mets plus consistants : c'est le sevrage !

Ce petit lionceau vient d'être pucé.
Il a maintenant un numéro d'identité.
Nous l'avons aussi sexé, c'est-à-dire que nous avons déterminé qu'il était un mâle et non une femelle.

Mâle ou femelle ?

Lorsque j'examine un bébé pour la première fois, je peux généralement déterminer s'il s'agit d'un mâle ou d'une femelle : il suffit bien souvent de regarder entre les pattes arrière pour savoir quel est son sexe !

Un peu de patience

Pour les oiseaux, c'est une autre histoire ! Pour certaines espèces, il faut en effet attendre quelques mois que le plumage change de couleur pour voir s'il s'agit d'un mâle ou d'une femelle. Ainsi, le mâle Harfang des neiges est entièrement blanc alors que la femelle est striée de noir.

C'est le moment du sexage pour les bébés pandas.

Surprise !

Parfois, il nous arrive de nous tromper. J'ai par exemple cru à un moment que Pink, la loutre cendrée d'Asie, était enceinte car son ventre paraissait très enflé. Nous lui avons fait une **échographie** qui nous a révélé que Pink était en réalité un mâle qui devait juste trop manger !

Mystère...

Pour d'autres espèces d'oiseaux, il est même impossible de savoir d'emblée si un individu est un mâle ou une femelle. Il ne me reste alors qu'une solution : prélever quelques plumes et les envoyer à un laboratoire pour qu'il les analyse génétiquement et détermine le sexe de l'oiseau.

Bien gérer la reproduction

Parfois, il faut contrôler les naissances pour éviter la surpopulation d'une espèce : dans ce cas, il faut avoir recours à la contraception, seul moyen qui permette d'empêcher les grossesses. Je peux alors donner une pilule contraceptive ou poser un **implant contraceptif** (petit appareil qui empêche une femelle d'avoir des petits) sous la peau, de la même manière que l'on pose une puce électronique.

Voici un implant contraceptif prêt à être posé.

Je peux aussi choisir de **stériliser** définitivement l'animal pour l'empêcher de se reproduire, ce qui consiste à lui enlever une partie de l'appareil reproducteur.

La stérilisation nous permet également d'éviter les rivalités entre mâles, et en général les problèmes entre les membres d'un même groupe ; les mâles non stérilisés passant leur temps à se battre pour avoir le plus grand nombre de femelles...

Les programmes d'élevage

Qu'est-ce qu'un programme d'élevage au zoo ?

Certains animaux appartiennent à des espèces sensibles ou menacées, tels les tamarins lion doré ou les manchots de Humboldt. Ils font l'objet de programmes d'élevage européens : les EEP (de l'anglais *European Endangered species Programme*).

Chaque programme est géré par un biologiste. Tous les ans, j'envoie à cette personne les résultats des taux de reproduction de l'espèce concernée au zoo. Tous les zoos font de même. Ce coordinateur me renvoie ensuite des instructions pour effectuer des transferts.

La population de nos animaux est donc totalement connue par les instances européennes et gérée de manière durable et viable.

Les bébés pandas nés le 19 juin 2016 sont déjà bien grands ! Peut-être devront-ils bientôt partir pour un autre zoo ?

LE SAVIEZ-VOUS ?

Plus de cent naissances ont lieu chaque année au zoo, dont une vingtaine au sein d'espèces menacées.

Pourquoi faut-il échanger les animaux entre zoos ?

Les zoos échangent des animaux entre eux pour éviter les problèmes de surpopulation, mais aussi pour éviter trop d'agressivité entre les individus, ou encore éviter que deux animaux issus de la même famille n'aient des bébés ensemble, ce qui pourrait créer des **anomalies génétiques,** c'est-à-dire des dysfonctionnements.

Lorsque je fais partir un animal vers un autre zoo, ou que j'en reçois un, ce n'est pas un vrai échange, dans le sens où je ne donne ni ne reçois rien en contrepartie. Il s'agit d'un don. Les animaux que nous avons élevés avec soin au zoo partent ainsi vivre une nouvelle vie et fonder une nouvelle famille, comme cela se produirait dans la nature.

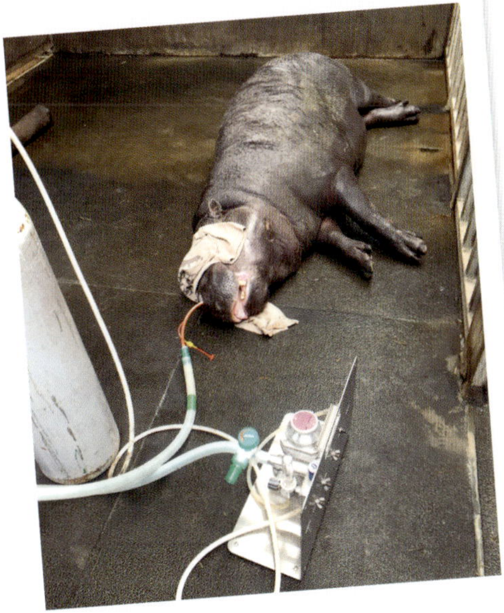

L'hippopotame pygmée Kindia est endormi en vue de son départ pour le Canada.

Les manchots font partie d'un important programme d'élevage.

Pourquoi dois-je accompagner les animaux lors des transferts ?

Il est parfois nécessaire que j'accompagne un animal pour m'assurer que le transport se passe dans de bonnes conditions.

Les transports de gros animaux comme les éléphants ou les girafes nécessitent des moyens considérables. Mon rôle est alors d'être en appui logistique lors de cette opération et de coordonner le travail des équipes.

Lorsque le tigre blanc Soha a dû être transféré dans un autre zoo (en raison de sa mésentente avec la femelle tigre blanc Rewa), il a fallu l'endormir. Pour le porter dans une civière jusqu'au camion, nous n'étions pas moins de huit personnes. Je l'ai ensuite accompagné jusqu'à son nouveau point d'accueil puis j'ai fait le trajet de retour avec notre nouveau **pensionnaire** : le tigre blanc Hades.

Une énorme caisse de transport est préparée pour le transfert de Kinshasa, l'hippopotame.

Hades, lui, n'a pas eu besoin d'être endormi lors de son transfert, car il avait au préalable été entraîné pour ce type de déplacement par ses anciens soigneurs !

Un contact important

Accompagner les animaux lors des transferts est aussi un moyen pour moi de rencontrer les personnes qui vont accueillir mon animal ou qui vont me confier le leur. Nous échangeons ainsi nos connaissances et nous nous assurons que la transition et l'acclimatation se passeront bien pour nos pensionnaires.

L'éléphant semble effrayé et fatigué ; son soigneur le rassure.

Des moyens extraordinaires

Pour transporter la girafe Uzul, il a fallu un camion et surtout une remorque spéciale équipée d'un toit télescopique qui peut se monter, pour que la girafe puisse se tenir debout, mais aussi se baisser, pour passer sous les ponts !

La recherche et la conservation

Pourquoi faire de la recherche au zoo ?

La recherche est essentielle : elle permet de faire progresser nos connaissances, en ayant pour objectif l'amélioration des soins que nous portons à nos animaux.

Lorsque des chercheurs me contactent, je réponds à leurs demandes en leur envoyant les échantillons dont ils ont besoin pour réaliser leur étude : cela peut être des poils d'ours polaire, du sang de chouette pour la recherche de parasites ou des crottes de girafes pour des **analyses** génétiques.

Je reçois aussi tous les ans des étudiants qui viennent observer le comportement de nos animaux. On appelle cela **l'éthologie.** Cette discipline nous permet de savoir comment vont nos animaux, comment ils se comportent entre eux, ou quelles sont leurs relations hiérarchiques. Cela nous permet aussi de mettre en place des actions afin d'améliorer le bien-être de nos **pensionnaires.**

Qu'est-ce que la conservation ?

La Conservation de la biodiversité est, avec l'éducation à l'environnement, la raison d'être des zoos aujourd'hui. Elle se concrétise par la mise en place de programmes d'élevage au sein du parc et par nos missions de soutien aux associations qui œuvrent à la préservation de la nature sur le terrain.

Les sakis font partie des programmes d'élevage et de conservation.

Quel est mon rôle ?

Je partage mes connaissances et je viens en appui auprès des personnes qui travaillent là où la nature est en danger.

Ce que j'ai appris au zoo auprès des animaux du parc m'est très utile pour m'occuper d'animaux sauvages dans la nature ! Soigner un bonobo orphelin au Congo, endormir un phoque en Bretagne pour l'équiper d'un petit GPS qui nous permettra de suivre ses déplacements, ou partir rencontrer les scientifiques qui protègent le gibbon au Laos, voici quelques-unes des actions que je peux mener grâce à mon travail.

Je suis aussi un témoin. Sur place, je comprends mieux les difficultés et les enjeux auxquels doivent faire face les associations. De retour au zoo, je peux ainsi mettre en place les actions les plus appropriées pour leur venir en aide et témoigner de leur incroyable travail auprès de notre public.

À titre personnel, en installant sur mon balcon ou dans mon jardin un petit hôtel à insectes, une mangeoire pour les oiseaux ou un abri pour les chauves-souris, j'agis aussi pour la **biodiversité.** Le résultat magique est juste sous mes fenêtres, il me suffit de regarder ! Tout le monde peut faire de même !

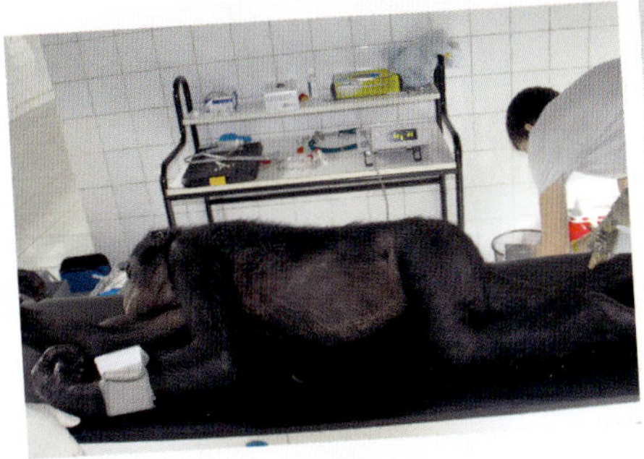

Au Congo, une femelle bonobo est endormie pour faire son bilan de santé.

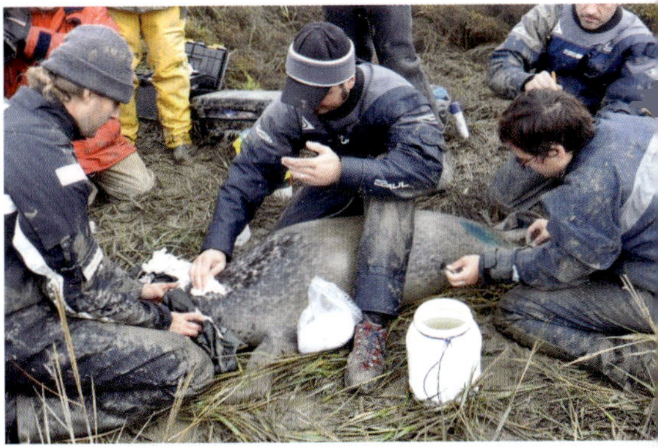

Intervention sur nos côtes pour équiper un phoque veau marin d'une balise GPS.

LE DICO DU VÉTO

Analyse (une) : identification des différents éléments qui composent une substance. On peut par exemple analyser des urines ou une prise de sang.

Anesthésie (une) : suppression de la douleur au moyen d'un gaz ou d'une injection qui endort complètement ou seulement certaines parties du corps de l'animal.

Anomalie génétique (une) : dysfonctionnement au niveau des gènes qui peut se traduire par des malformations physiques ou des retards mentaux.

Biodiversité (la) : diversité des espèces vivantes.

Calcium (le) : élément chimique présent dans le corps qui est indispensable à la solidité des os ainsi qu'au bon fonctionnement des muscles et des nerfs.

Carence (une) : absence ou quantité insuffisante d'éléments nécessaires à l'organisme. L'animal, tout comme l'homme, peut avoir une carence en vitamines ou en minéraux.

Césarienne (une) : opération chirurgicale qui se pratique lorsque l'accouchement est impossible par les voies naturelles, qui consiste à faire sortir le bébé du ventre de la maman en faisant une incision sur son abdomen.

Chirurgie (une) : opération médicale pratiquée sur un animal endormi.

Contention (la) : procédé employé par les soigneurs pour immobiliser un animal, afin de pouvoir effectuer un diagnostic ou bien de lui administrer des soins.

Convalescence (une) : période de repos après une maladie ou une opération.

Échographie (une) : technique d'imagerie médicale qui permet de voir sur un écran l'intérieur du corps de l'animal.

Éthologie (l') : étude du comportement d'un animal grâce à l'observation.

Excroissance (une) : petite grosseur qui apparaît à la surface de la peau.

Fiche de soins (une) : document dans lequel sont répertoriés les soins que l'animal doit recevoir.

Gestation (la) : terme employé pour désigner la grossesse chez les animaux.

Hormone (une) : substance agissant sur l'organisme qui est sécrétée par certains organes du corps. Une hormone peut être récréée chimiquement, puis injectée dans le sang à l'aide d'une seringue. Certaines hormones empêchent les femelles d'avoir des bébés par exemple.

Hygiène (l') : ensemble des soins mis en place pour être en bonne santé. Pour avoir une bonne hygiène, il faut être propre et bien manger.

Hypothermie (une) : abaissement de la température du corps en dessous de la normale. Un homme est en hypothermie quand sa température corporelle est inférieure à 35 °C.

Implant contraceptif (un) : glissée sous la peau, la petite puce diffuse une hormone qui empêche la femelle d'avoir un bébé.

Minéraux (les) : éléments chimiques naturels indispensables au bon fonctionnement de l'organisme. Le fer, le magnésium, le potassium et le calcium sont des minéraux par exemple.

Nutritionniste (un) : personne qui donne des recommandations alimentaires afin que l'animal soit en bonne santé.

Pensionnaire (un) : animal qui est nourri et qui habite dans le zoo.

Prophylaxie (la) : ensemble des moyens médicaux mis en œuvre par le zoo pour empêcher que les animaux ne tombent malades.

Radio (une) : abréviation de radiographie. Image obtenue grâce aux rayons x qui permet de voir à l'intérieur du corps.

Sarbacane (une) : long tuyau dans lequel on souffle pour lancer une flèche anesthésiante.

Scanner (un) : appareil de radiologie qui permet d'examiner l'intérieur du corps et d'en donner des images très précises. Un scanner révèle de plus petites choses qu'une radio.

Stériliser : opération qui consiste à enlever les organes qui permettent aux animaux d'avoir des bébés. On utilise aussi ce terme pour dire qu'on se débarrasse des microbes.

Urticant : se dit d'un animal ou d'un végétal dont le contact produit une sensation de brûlure et fait apparaître de petits boutons. Par exemple, les poils de certaines chenilles sont urticants.

Vermifuge (un) : médicament qui provoque la destruction de certains parasites qui infestent les animaux.

COMMENT DEVIENT-ON VÉTÉRINAIRE ?

La formation

Après le baccalauréat, il est fortement conseillé de suivre pendant deux années une classe préparatoire. C'est seulement à bac+2 que l'on peut commencer à passer les concours pour intégrer une école vétérinaire. Ensuite, la formation dure au minimum cinq ans. Et c'est à l'issue de celle-ci que le futur vétérinaire se voit décerner le diplôme d'État de docteur vétérinaire, après avoir prêté serment sur le serment de Bourgelat.

Les qualités requises

Voici les qualités indispensables que le vétérinaire doit avoir :

- être passionné par les animaux ;
- être prêt à manipuler toutes sortes d'animaux, aussi bien un serpent, qu'un faon, qu'un éléphant ;
- être observateur, rigoureux, attentionné et bienveillant ;
- et aimer encore et toujours les animaux !

Le serment de Bourgelat

« Je promets et je jure devant le Conseil de l'Ordre des Vétérinaires de conformer ma conduite professionnelle aux règles prescrites par le Code de déontologie et d'en observer en toute circonstance les principes de correction et de droiture. Je fais le serment d'avoir à tout moment et en tout lieu le souci constant de la dignité et de l'honneur de la profession vétérinaire. »

RÉPUBLIQUE FRANÇAISE

MINISTÈRE DE L'AGRICULTURE, DE LA PÊCHE
ET DE L'ALIMENTATION

ÉCOLE NATIONALE VÉTÉRINAIRE

CERTIFICAT DE FIN D'ÉTUDES VÉTÉRINAIRES

Décerné par le Conseil des enseignants
et le Directeur de l'École nationale vétérinaire à :

Monsieur, Mademoiselle ....

né(e) le .... à ....

signature du titulaire

Crédits

France Télévisions, Banijay Productions et Paul Rodrigues : logo « Une saison au Zoo », motifs animaliers (p. 3-5, p. 44, p. 46)

Éléments de maquette : Fotolia.com

Zoo de La Flèche : p. 4, p. 7, p. 11 (haut), p. 13 (bas), p. 14, p. 15 (bas), p. 17-18, p. 20 (bas), p. 22, p. 24, p. 25 (bas), p. 29 (bas), p. 30, p. 32-33, p. 34 (haut), p. 35-36, p. 39-42, p. 43 (haut)

K. Beautemps - NiceWeather : p. 6, p. 8-9, p. 12, p. 16, p. 19, p. 20 (haut), p. 21, p. 23, p. 27-28, p. 31, p. 34 (bas), p. 37-38

S. Cordier : p.5, p. 10, p. 11 (bas), p. 13 (haut), p. 25 (haut), p. 29 (haut)

B. Thibault - Zoo de La Flèche : p. 15 (haut)

C. Vincent : p. 43 (milieu et bas)

1re de couverture : Zoo de La Flèche, K. Beautemps - NiceWeather et Fotolia.com

4e de couverture : Zoo de La Flèche, K. Beautemps - NiceWeather et S. Cordier

PAPIER À BASE DE FIBRES CERTIFIÉES

LAROUSSE s'engage pour l'environnement en réduisant l'empreinte carbone de ses livres. Celle de cet exemplaire est de :
250 g éq. CO_2
Rendez-vous sur www.larousse-durable.fr

Imprimé en Espagne chez Graficas Estella
Dépôt légal : janvier 2017 – 318826/06
N° de projet : 11037815 – décembre 2017